GUÍA DE LECTURA

Escrita por Marine Everard
Traducida por Laura Soler Pinson

El hombre
que plantaba árboles
de Jean Giono

JEAN GIONO

ESCRITOR FRANCÉS

- **Nacido en 1895 en Manosque (Francia)**
- **Fallecido en 1970 en la misma ciudad**
- **Algunas de sus obras:**
  - *El canto del mundo* (1934), novela
  - *Les âmes fortes* (1950), novela
  - *El húsar en el tejado* (1951), novela

Jean Giono es un escritor y cineasta francés nacido en 1895 en Manosque. Movilizado en 1914 y profundamente impactado por su experiencia en la guerra, se convierte en pacifista convencido, hasta tal punto que es encarcelado en 1939 por haber escrito textos pacifistas, y en 1945 se le acusa sin razón de colaboración, lo que imprimirá una cierta negrura a sus obras venideras. Muere en 1970.

Su obra novelesca está marcada fundamentalmente por un humanismo profundo, por el culto a la naturaleza y a la vida rural, y por la guerra, y sitúa en el centro de su reflexión, de manera alterna, al hombre y a la naturaleza. Es el autor de *Colina* (1929), *Le grand troupeau* (1931), *El canto del mundo* (1934), *Que ma joie demeure* (1935), *Les âmes fortes* (1950) y *El húsar en el tejado* (1951).

EL HOMBRE QUE PLANTABA ÁRBOLES

«CONTRIBUIR AL DESEO DE PLANTAR ÁRBOLES»

- **Género:** relato
- **Edición de referencia:** Giono, Jean. 2014. *El hombre que plantaba árboles*. Traducido por Francisco Figueroa. A Laracha: Fundación As Salgueiras. E-book en PDF
- **Primera edición:** 1953
- **Temáticas:** ecología, naturaleza, felicidad, vida, armonía

El hombre que plantaba árboles es un relato corto de Jean Giono, escrito en 1953 para la revista *Reader's Digest*, basado en el tema «la persona más excepcional que he conocido jamás». El autor sigue el recorrido de Eleazar Bouffier, un pastor solitario que resucita una región desértica y deshabitada simplemente plantando árboles. Giono quiso que su texto estuviera libre de derechos de autor para que cumpliera mejor su función: «hacer que se planten árboles». Este texto ha dado la vuelta al mundo y ha inspirado numerosas iniciativas ecológicas. Hoy parece haber sido catalogado como literatura juvenil, a pesar de que no fue escrito con ese objetivo, y muestra un sentido profundo, inesperado en la primera lectura.

RESUMEN

De 1913 a 1945, el narrador evoca sus distintos encuentros con Eleazar Bouffier, un pastor anciano que no ha dejado de plantar árboles en los Alpes de Alta Provenza, consiguiendo que, poco a poco, esta región desértica haya vuelto a nacer.

En 1913, el narrador hace senderismo en la región norte de los Alpes de Alta Provenza, en un paisaje árido y desolado, a través de «páramos desnudos y monótonos» (Giono 2014, 3). Se encuentra con un viejo pastor taciturno, llamado Eleazar Bouffier. Este le permite que beba de su cantimplora y que pase la noche en su casa, construida con piedra, que ha restaurado con sus propias manos. Intrigado por el minucioso trabajo del pastor, que separa y prepara bellotas antes de acostarse, lo acompaña al día siguiente cuando lleva a sus ovejas a pacer. En realidad, desde hace tres años, el hombre se dedica a plantar árboles con el fin de volver a dar vida a esta región desierta dominada por la muerte y la desolación.

Al año siguiente, el narrador, movilizado, va al frente de batalla. Después de la guerra, para «respirar un poco de aire puro» (Giono 2014, 6), decide volver a la soledad de «parajes desolados» (Giono 2014, 6) de los Alpes de la Alta Provenza. Observa, sorprendido, que ha crecido un bosque en las alturas que otrora eran yermas, y encuentra a Eleazar Bouffier, rebosante de salud, convertido en apicultor, y siempre dedicado a su tarea de plantación, imperturbable a pesar de los años de guerra. Tras los robles, ha plantado hayas y abedules. De forma natural, la presencia de los árboles ha traído agua a los suelos, y hasta el pueblo abandonado más abajo.

A partir de 1920, el narrador visitará frecuentemente al anciano que, a pesar de los obstáculos, sigue incansable con su proyecto. Poco a poco, empieza a hablarse acerca de este bosque que surge de la nada. Las autoridades administrativas, que creen que es natural, deciden «poner[lo] bajo la salvaguarda del Estado» (Giono 2014, 7). El narrador presenta Eleazar Bouffier a un amigo jefe forestal y le desvela la verdad para que el bosque y el trabajo del anciano sean protegidos de los leñadores y de la deforestación.

El narrador se encuentra con el pastor por última vez en 1945. La región se ha transformado por completo y apenas reconoce el lugar de sus antiguas escapadas: se han reconstruido pueblos, las familias se han instalado, sobre todo en el pueblo de Vergons, irreconocible. Las inclemencias del tiempo y el carácter salvaje de los habitantes han dejado paso a una vida tranquila y, a partir de ese momento, «toda la comarca resplandec[ía] de salud y bienestar» (Giono 2014, 9): los cerca de diez mil habitantes de la región han alcanzado la felicidad gracias a Eleazar Bouffier, que se apaga en 1947 en el asilo de Banon.

ESTUDIO DE LOS PERSONAJES

ELEAZAR BOUFFIER

Eleazar Bouffier es «el hombre que plantaba árboles», el personaje central del relato, que Giono presenta como si de verdad hubiese existido, aunque es completamente ficticio. Tiene 55 años cuando, en 1913, se encuentra con el narrador y 87 la última vez que se ven, en 1945. Muere en 1947 en un asilo, con 89 años.

Un hombre común...

Tras haber perdido a su mujer y a su hijo, se retira en las montañas, donde se convierte en pastor. Es un hombre solitario y apacible, que «habla poco», pero está «seguro de sí mismo y confiado» (Giono 2014, 4). Su casa es humilde, su interior está limpio y cuidado. Tiene una vida simple y modesta, y de forma natural ofrece refugio y comida al narrador, según las reglas básicas de la hospitalidad. Además de su trabajo de pastor, el anciano se ha fijado otra tarea: plantar un bosque en la región árida y salvaje, y a ello dedica sus días en la montaña, de manera metódica y humilde, ayudándose de una simple barra de hierro.

...que acomete acciones fuera de lo común

El narrador hace una descripción del pastor llena de elogios: abunda el registro laudatorio. El uso de superlativos, de adverbios de intensidad y de un léxico meliorativo destaca las «cualidades excepcionales» del personaje, que son paradójicamente la consecuencia de su simplicidad: sus «actos están despojados de todo egoísmo» (Giono 2014, 3), es de una «generosidad sin paragón» (Giono 2014, 3), muestra «una generosidad tan magnífica» (Giono 2014, 7), «constancia en la grandeza de alma y la abnegada generosidad» (Giono 2014, 9) y «sabe de esto mucho más que todo el mundo» (Giono 2014, 8). El narrador indica su gran asombro y una enorme admiración por la acción de Eleazar Bouffier, hasta el punto de compararla con la creación divina. Además de utilizar los términos «creación» y «obra», afirma que el anciano es «un atleta de Dios» (Giono 2014, 8) y que «supo sacar adelante una obra digna de Dios» (Giono 2014, 9). Su obra es tan extraordinaria que parece proceder de un poder sobrenatural: Eleazar ha hecho «surgir del desierto esta tierra de Canaán» (Giono 2014, 9) gracias a sus «simples recursos físicos y morales» (Giono 2014, 9). Solo con la fuerza de sus manos y de su perseverancia, únicamente con su voluntad, ha sabido elevarse al mismo nivel que Dios. El alcance de su obra es incalculable; a partir de la creación del bosque (que se extiende durante kilómetros), se produce una reacción natural en cadena. Vuelve el agua, y con ella, también la vegetación, los ciclos naturales y la suavidad del clima, se instalan familias, renace el vínculo social, surgen cultivos y granjas; en una palabra, surge la felicidad.

Así, Eleazar Bouffier es un «campesino sin cultura» (Giono 2014, 9), un pastor que encarna la figura del artista o la figura del profeta (de hecho, su nombre significa «que tiene el apoyo de Dios»). También simboliza los valores humanistas: los de la generosidad y el altruismo, los del trabajo y el respeto de la naturaleza. Tiene la llave de la felicidad humana, y ha conseguido dar un sentido a su vida y a la condición humana en general al guiar a los habitantes de la región hacia el bienestar y la paz.

EL NARRADOR

Dado que el texto se presenta como un testimonio de lo vivido por el autor, este último comparte una gran cantidad de similitudes con el narrador. La experiencia de «la guerra del catorce en la que estuv[o] alistado» (Giono 2014, 6) como «soldado de infantería» (Giono 2014, 6) es autobiográfica, igual que su participación en la batalla de Verdún, acontecimiento que menciona. La región de origen y de vuelta a las raíces del narrador es el valle de la Durance, rodeado de montañas, al igual que la de Giono, que lo honra en numerosas obras. Las posturas ideológicas del narrador son las del propio autor, tanto en la denuncia subyacente de la guerra como en la utopía rural que se esboza al final del relato.

El narrador también desempeña el papel de testigo y de ayudante en el relato. Él contribuye a proteger la obra del pastor y su tranquilidad, sobre todo cuando intercede ante uno de sus amigos guardabosques, puesto que conoce el «valor de la [sic] cosas» (Giono 2014, 8). A este nivel, se opera una disociación entre el narrador y el autor.

CLAVES DE LECTURA

UNA RESEÑA BIOGRÁFICA, O LA VOLUNTAD DE CREAR ILUSIÓN

Durante mucho tiempo, Jean Giono mantuvo vivo el mito de Eleazar Bouffier y reivindicó la autenticidad de los hechos narrados. Solo en 1957, en una carta que dirige al conservador de las Aguas y de los Bosques, el autor desvela su engaño: Eleazar Bouffier es un personaje imaginario, creado para inspirar a los hombres y contribuir al deseo de plantar árboles. De hecho, el relato se construye como una reseña biográfica: mediante una cronología precisa, relata los principales acontecimientos de la vida de Eleazar Bouffier y esboza el retrato moral y físico de este último. Por otra parte, acaba con la muerte del anciano y algunos elogios del narrador parecen epitafios o a veces le dan al relato la apariencia de un elogio fúnebre. El aspecto real viene dado sobre todo por la inscripción en un marco geográfico e histórico preciso.

- La localización geográfica, detallada con precisión y con insistencia, la utilización de topónimos reales (el pueblo de Vergons) o la mención de lugares que realmente existen (el asilo de Banon) fijan el relato a la realidad:

  > «Esa región está delimitada al sureste por el curso medio del Durance, entre Sisteron y Mirabeau; al norte por el curso superior del Drôme, desde su nacimiento hasta Die, al oeste por las planicies del Condado de Venaissin y las estribaciones del Monte Ventoso. Comprende toda la parte

norte del Departamento de Alpes de Alta Provenza, el sur del de Drôme y un pequeño enclave del de Vaucluse» (Giono 2014, 3).

- El marco temporal, basado en una datación rigurosa (1913, «desde hace tres años», 1920, 1933, 1935, 1945 y 1947), entrecruza realidad histórica, episodios autobiográficos y vida de Eleazar Bouffier, y establece así referencias cronológicas precisas. Las remisiones a la Primera Guerra Mundial y a la Segunda Guerra Mundial contribuyen a fijar el relato en la realidad.

Por último, el carácter testimonial del relato participa en el dispositivo literario destinado a crear la ilusión de un relato auténtico, en la medida en la que un relato en primera persona tiene más posibilidades de obtener la adhesión del lector.

UNA PARÁBOLA HUMANISTA

Este relato muy breve (una decena de páginas) se puede relacionar con la parábola o la fábula, a pesar de su marco realista. La parábola, al igual que la fábula, es un relato alegórico que ilustra una verdad moral bajo la apariencia de una anécdota que se nos presenta de manera anodina o entretenida. A veces se emplea en un contexto religioso, sobre todo en la Biblia. De hecho, la dimensión bíblica y religiosa está presente aquí, tanto en las referencias («Lázaro ya estaba fuera de la tumba», Giono 2014, 9, nos remite al episodio bíblico en el que Lázaro sale de su tumba; «esta tierra de Canaán», Giono 2014, 9, es la denominación bíblica de una región de Oriente Próximo, que corresponde más o menos a los actuales Israel-Palestina) como en la figura de Eleazar Bouffier, el «creador». De manera simbólica, el árbol conecta el mundo terrestre (sus raíces se adentran en la tierra) con el mundo celeste (su cumbre se erige hacia el cielo), y más si tenemos en cuenta que el narrador sitúa la región «de 1200 a 1300 [metros] de altitud» (Giono 2014, 3). Así, el texto está marcado por una cierta espiritualidad.

Pero, en líneas más generales, *El hombre que plantaba árboles* es una parábola humanista, en la medida en la que la historia narrada permite una reflexión sobre el hombre y una ilustración de los valores morales esenciales:

- la parábola ilustra las virtudes del silencio (el leitmotiv del silencio recorre el texto: el silencio elocuente del anciano y sus encuentros de pocas palabras con el narrador se oponen a las «palabras inútiles» —Giono 2014, 7— de la delegación administrativa), del altruismo (la generosidad del anciano que planta árboles solo tiene como objetivo que vuelva la vida a la región, no aspira al reconocimiento —nadie sabe que el bosque es obra suya, salvo el narrador y su amigo— ni al carácter lucrativo de su empresa), del trabajo y de la sencillez (el viejo vive decentemente, se contenta con lo necesario, ajeno a todo lo superfluo). Ensalza el altruismo del anciano, que paradójicamente nace de una acción solitaria realizada al margen del comercio de los hombres y de los progresos tecnológicos;
- también ilustra el arte de ser feliz al unir armonía interior (el anciano que planta árboles durante años «ha encontrado un medio magnífico para ser feliz», Giono 2014, 8), armonía con la naturaleza (Eleazar Bouffier ayuda

en cierta manera al proceso natural de nacimiento de un bosque que solo resiste una vez, cuando mueren los arces) y armonía social (los habitantes del pueblo forman una pequeña comunidad tranquila al final del relato). Estas tres dimensiones interactúan en el relato, puesto que a través de su «medio para ser feliz», la plantación de árboles, conjunto totalmente personal y solitario, es como el anciano hace posible la felicidad de los habitantes de la región. Solo los árboles se relacionan entre ellos, no tienen contacto directo. Además, el anciano ha creado una naturaleza exuberante y generosa, y así hace que sea posible una vida rural en armonía con los elementos. El arte de vivir feliz de Eleazar Bouffier permite que nazca un bosque que, a su vez, proporcionará armonía a la vida de los habitantes del pueblo.

DESTRUCCIÓN VERSUS CREACIÓN

También se puede hacer una lectura histórica del relato, relacionada con su dimensión parabólica. Efectivamente, *El hombre que plantaba árboles* parece ser la imagen utópica que derriba y conjura la experiencia traumática de las dos guerras mundiales. Obviamente, no es casualidad que el relato comience justo antes de la Primera Guerra Mundial (1913) y se acabe al final de la Segunda Guerra Mundial (1945-1947). La vida de Eleazar Bouffier se desarrolla a contracorriente de las catástrofes de su época.

Se establece una comparación antitética entre la «creación» de Eleazar Bouffier, fuente de vida, y la «destrucción» causada por las guerras sucesivas, fuente de muerte: «Al recordar que todo había brotado de las manos y del alma de ese hombre —sin medios técnicos— se comprende que las personas podrían ser tan eficaces como Dios en dominios diferentes al de la destrucción» (Giono 2014, 6). Aislado del mundo, lejos del ruido y de la ira de la época, el hombre desprende una atmósfera de paz y de serenidad que contrasta con la de los campos de batalla («La compañía de este hombre daba paz», Giono 2014, 4). Por supuesto, este paralelismo es sutil, subyacente; la guerra aparece únicamente en segundo plano, ocultada por la obra extraordinaria de Eleazar Bouffier, que se cuenta por miles de árboles y por kilómetros recubiertos por el bosque. Sin embargo, podemos percibir puntos de contacto entre los dos universos. Cuando el pastor muestra al narrador bosquecillos de abedules «que databan de cinco años atrás, es decir de 1915, la época en la que combati[ó] en Verdún» (Giono 2014, 6), los árboles se personifican: «Eran tiernos como muchachas y muy decididos» (Giono 2014, 6). Metafóricamente, estos abedules representan a los chicos jóvenes y valientes cuyas vidas fueron truncadas en Verdún. Además, el narrador explica: «La obra no corrió un grave riesgo más que durante la guerra de 1939. Los coches funcionaban entonces con gasógeno, nunca había suficiente madera para producirlo. Se comenzaron a hacer talas en los robles de 1910» (Giono 2014, 6). Este texto puede relacionarse con otros textos; en su novela *Le grand troupeau*, Giono deplora la masacre de los árboles que acarrea la guerra, y describe la desertificación de los campos y los pueblos reducidos a cenizas situados en el frente. A partir de ahí, puede que el paisaje desértico y que los pueblos fantasma de la primera parte del relato reflejen los recuerdos personales del autor. Puesto que estas landas también parecen haber sufrido una catástrofe («desolación sin igual», Giono 2014, 3; «aldea abandonada», Giono 2014, 3; «toda vida había desaparecido», Giono 2014, 3; «los cadáveres de las casas», Giono 2014, 3; «aquel lugar despojado de todo», Giono 2014, 4; etc.).

Así, el bosque puede simbolizar el renacimiento, el resurgimiento de una humanidad en peligro. Los horrores de la guerra han llegado a borrar incluso la idea de humanidad y hay que repensar, reconstruir al hombre. La creación de Eleazar Bouffier, milagro de un renacimiento simbolizado por Lázaro resucitado, desemboca en el esbozo de una utopía rural. Se trata casi de una obra civilizadora que se opone al salvajismo de la región y de los habitantes previos a la aparición del bosque («Son lugares donde se vive mal. [...] el viento, igualmente incesante, irrita los nervios. [...] [Los habitantes] eran salvajes, se detestaban, vivían de la caza con trampas: poco más o menos en el estado físico y moral de los hombres prehistóricos. [...] Su condición era desesperanzadora», Giono 2014, 8). A partir de ese momento, la descripción de los pueblos se efectúa en una atmósfera bucólica y campestre, caracterizada por:

- la suavidad del clima («Todo había cambiado. Incluso el aire mismo. En el lugar de las borrascas secas y violentas que me acogieron antaño, ahora soplaba una brisa suave cargada de aromas», Giono 2014, 8-9);
- el marco de vida idílico («El viento también dispersaba algunas semillas. Al mismo tiempo que reapareció el agua, reaparecieron los sauces, las mimbreras, los prados, los jardines, las flores y cierta razón de vivir», Giono 2014, 7);

- el trabajo comunitario, la concordia y la felicidad («Se han canalizado sus aguas. Junto a cada granja, entre bosquetes de arces, los estanques de las fuentes se desbordan sobre alfombras de fresca menta. Los pueblos se han reconstruido poco a poco. [...] Por los caminos nos encontramos hombres y mujeres bien alimentados, muchachos y muchachas que saben reír y que han retomado el gusto por las fiestas de las campesinas», Giono 2014, 9).

Los árboles son los garantes y los guardianes de la paz y de la felicidad, los que traen la vida y la civilización. La naturaleza, que permite «el pleno florecimiento de la vida» (Giono 2014, 9), al contrario que la guerra, protege a la humanidad de sus derivas salvajes y destructoras. El autor invita a los hombres a desarrollar sus posibilidades creadoras en vez de sacar a escena todo su poder destructor.

HACIA UNA LECTURA ACTUALIZADA: EL COMPROMISO ECOLOGISTA

Aunque es algo anacrónico hablar de compromiso ecologista en el sentido político de la palabra, es posible aplicar una lectura actualizada a *El hombre que plantaba árboles* por su carácter parabólico y, por lo tanto, universal. La frase habla del mensaje principal que es la llamada a la plantación de árboles —para luchar contra la desertificación de las tierras y la deforestación— y como símbolo de vida y de voluntad de actuar para las generaciones venideras. En cierta manera, el sentido del relato se ha ido expandiendo a lo largo del tiempo, puesto que los desafíos ecológicos y medioambientales ocupan un lugar principal en los debates ciudadanos y políticos contemporáneos. La deforestación masiva, con los múltiples problemas humanos y medioambientales que genera, convierte a *El hombre que plantaba árboles* en un manifiesto de terrible actualidad para la salvaguarda del patrimonio natural. En el relato, las autoridades y los representantes del Estado son ridiculizados, sus acciones parecen vanas e inconsistentes, mientras que la obra de un solo hombre repercute en generaciones. Se podría leer hoy en día una crítica a la política medioambiental de nuestros gobernantes, una apología de un regreso a la naturaleza en un mundo falto de valores, amenazado por una industrialización frenética.

Se puede analizar el relato de tal forma que se ponga énfasis en la acción positiva del hombre sobre el medio ambiente y la armonía entre el hombre y la naturaleza, de la que deriva una armonía social entre los hombres. Nos encontramos en un ideal ecológico flagrante. Es importante precisar que esta concepción de la naturaleza no se presenta de manera uniforme en la obra de Giono, que *El hombre que plantaba árboles* es un texto aparte, como han demostrado ciertos críticos. Pero, en cualquier caso, el amor por los árboles es la base del mensaje transmitido por el relato, y trasciende los distintos niveles de lectura.

PISTAS PARA LA REFLEXIÓN

ALGUNAS PREGUNTAS PARA PROFUNDIZAR EN SU REFLEXIÓN...

- ¿Quién es Eleazar Bouffier? ¿Qué puede representar? ¿Cuál es el alcance de su obra?
- ¿Qué elementos indicarían que este texto es una parábola? ¿Cuál es el sentido de la parábola?
- ¿Cuál es para usted el mensaje principal que transmite el relato?
- ¿Qué lugar ocupa el narrador en el relato? ¿Qué mirada tiene sobre la obra de Eleazar Bouffier?
- Sitúe *El hombre que plantaba árboles* en relación con las otras obras de Giono. ¿El vínculo con la naturaleza es el mismo?
- ¿Qué simboliza en términos generales el árbol? ¿Qué simbolismo adquiere en el universo gioniano, en particular?
- ¿Qué relación se puede establecer entre el relato y ciertas temáticas actuales relacionadas con la protección del medio ambiente?
- ¿Le parece importante la mención de la guerra en este relato?

¡Su opinión nos interesa!
¡Deje un comentario en la página web de su librería en línea,
y comparta sus favoritos en las redes sociales!

PARA IR MÁS ALLÁ

EDICIONES DE REFERENCIA

- Giono, Jean. 2014. *El hombre que plantaba árboles*. Traducido por Francisco Figueroa. A Laracha: Fundación As Salgueiras. E-book en PDF.

ADAPTACIÓN

- *El hombre que plantaba árboles*. Película de animación dirigida por Frédéric Back, con la voz de Philippe Noiret, según el relato de Jean Giono. 1987 (se puede ver en internet en www.youtube.com).

ResumenExpress.com